Brigitt

MEILLEURES RECETTES DE LA CUISINE AU CIDRE

Photographies : Bernard ENJOLRAS

Les recettes photographiées dans cet ouvrage
ont été réalisées par Michel Bruneau, cuisinier normand,
chef et patron du restaurant *La Bourride* à Caen.

ÉDITIONS OUEST-FRANCE
13 rue du Breil, Rennes

INTRODUCTION

On le nommait *cheka*, *sicera* – la boisson enivrante.
Vieux de plusieurs millénaires, il était hébreu, grec, romain ou même basque !
Fêté par Hippocrate, recommandé par Charles IX ou célébré par Maupassant,
ce vin de pommes « ... jaune [qui] luisait, joyeux, clair et doré, dans les grands verres »
fleure bon à nouveau nos tables et notre cuisine. Justice lui est enfin rendue.
C'est à partir du XVIe siècle avec le développement de la culture des pommiers
que la fabrication du cidre va s'intensifier, essentiellement dans l'ouest de la France
et le Bassin parisien. L'élaboration du breuvage n'a guère changé depuis. Les pommes
sont récoltées de septembre à novembre. Une fois les fruits broyés et pressés,
le jus de pommes va subir, sous le contrôle vigilant du cidrier, une fermentation qui durera
plusieurs semaines, fermentation qui déterminera sa teneur en sucre, donc sa variété.
Moins le cidre sera sucré, plus il sera alcoolisé.
Le **cidre doux** (1,5 à 3° d'alcool), mousseux et de saveur fruitée,
accompagne traditionnellement crêpes mais aussi salades de fruits, tartes sucrées et brioches.
Le **cidre brut** (4 à 5° d'alcool), moins pétillant et plus sec, a du corps.
Il se marie agréablement avec poissons et volailles.
Quant au **cidre traditionnel**, le plus alcoolisé (5 à 6° d'alcool), très corsé et souvent amer,
il peut quelquefois escorter un gibier et, aussi surprenant que cela puisse paraître, être servi,
comme le faisaient les paysans, avec un camembert ou tout autre fromage à croûte fleurie.
Riche en vitamines, fructose, sels minéraux et oligo-éléments, le cidre se boit frais entre 8
et 10 °C. Bien que faiblement alcoolisé, il ne peut être donné aux enfants. Il se conserve
en cave et doit être consommé dans l'année car, malheureusement, il ne sait pas vieillir.
Tout comme le vin, le cidre a ses crus. Il en est de fameux comme par exemple celui
de Fouesnant ou ceux, très réputés, du Pays d'Auge. À vous de les mériter...

Quand je te vois, le cœur me rit
Beau sildre, et ma gorge séchée
T'attend, ainsi que dans le nid
L'oiseau qui reçoit sa béchée
Ô soulas de gosiers !
Ô très-bon jus de pomme !
Prions pour le bonhomme
Qui planta les pommiers !

Olivier Basselin écrivait ce poème au XVe siècle. On ne peut s'empêcher de songer avec
malice à ce qu'il aurait pu écrire, s'il avait connu la cuisine au cidre !

La petite crevette au cidre

Salade d'hiver au cidre

Les entrées

La petite crevette au cidre

Marché pour 5 personnes

1 kg de crevettes, 2 l d'eau, 1 bouteille de cidre traditionnel,
gros sel gris, poivre en grains

*Grises ou roses, dites bouquets, les crevettes doivent être consommées
très fraîches et cuites impérativement vivantes.*

Dans un grand faitout, versez l'eau et le cidre. Ajoutez une poignée de gros sel et quelques grains de poivre. Portez à ébullition.

Plongez les crevettes dans le liquide brûlant et poursuivez la cuisson pendant 5 min à petits bouillons. Égouttez aussitôt et servez les crevettes chaudes, accompagnées de tranches de pain bis et d'un bon beurre fermier, de préférence salé.

Salade d'hiver au cidre

Marché pour 6 personnes

1 scarole, 2 pommes reinettes, 1 petit céleri rave, 4 pommes de terre,
1 citron, 1 verre de cidre bien sec, 2 blancs de poulet cuit,
1 œuf, moutarde, huile, sel et poivre

Pelez les pommes de terre et faites-les cuire à la vapeur.

Pressez le citron.

Préparez la mayonnaise : mettez dans un bol le jaune d'un œuf cru, une cuillerée à café de moutarde, du sel et du poivre. Mélangez bien. Ajoutez un filet de citron et montez la mayonnaise au fouet en versant progressivement l'huile.

Lavez la scarole. Ne conservez que les feuilles tendres. Coupez en lanières feuilles de scarole essorées et blancs de poulet.

Nettoyez le cœur du céleri. Détaillez-le en lamelles fines ainsi que les pommes reinettes épluchées et débarrassées de leurs pépins. Arrosez-les de citron pour qu'elles ne noircissent pas.

Quand les pommes de terre sont cuites et encore chaudes, coupez-les en rondelles régulières et arrosez-les de cidre. Laissez refroidir.

Mélangez dans un saladier les lanières de poulet et les lamelles de céleri et de pommes. Ajoutez les rondelles de pommes de terre.

Au dernier moment, ajoutez la salade et la mayonnaise. Retournez le tout délicatement.

Servez frais dans de jolies petites assiettes en soignant la présentation.

Poêlée de Saint-Jacques au cidre

Andouillettes gourmandes au cidre

Poêlée de Saint-Jacques au cidre

Marché pour 4 personnes

20 noix de Saint-Jacques, **40 g** de farine, **40 g** de beurre, **3** pommes acides, **1/2** bouteille de cidre doux, **250 g** de crème fraîche, sel, poivre

Préparation
des coquilles Saint-Jacques

Posez la coquille sur un torchon replié en quatre, la partie plate sur le dessus. Sectionnez le muscle à l'intérieur en glissant la pointe d'un couteau à lame forte entre les deux coquilles.

Détachez les chairs et lavez-les à grande eau. Coupez les barbes (la partie grise qui entoure la noix de chair blanche) et ôtez la poche noire. Ne conservez que les noix et leur croissant de corail. Épongez sur un linge humide.

Dans une casserole à fond épais, faites fondre le beurre. Ajoutez la farine. Travaillez à la spatule en bois à feu doux. Le mélange ne doit pas colorer. Laissez refroidir.

Pelez les pommes. Évidez le cœur des fruits et coupez la chair en petits morceaux.

Dans une autre casserole, versez le cidre. Ajoutez les pommes. Faites chauffer puis délayez avec la crème. Ajoutez à la préparation le roux et faites cuire 5 min sans cesser de remuer. Salez, poivrez.

Faites revenir à la poêle dans du beurre bien chaud les noix de Saint-Jacques. Quand elles sont cuites, réservez-les au chaud dans des cassolettes individuelles.

Déglacez la poêle avec un peu de cidre et versez le jus dans la casserole où vous avez préparé la sauce aux pommes. Mixez. Goûtez et rectifiez l'assaisonnement en sel et poivre.

Versez cette savoureuse sauce sur la cuisine des Saint-Jacques et servez aussitôt.

Andouillettes gourmandes au cidre

Marché pour 4 personnes

4 andouillettes, **6** échalotes, **1** citron, **50 g** de beurre, **25 cl** de cidre brut, sel et poivre du moulin

Pelez et hachez les échalotes.

Faites fondre le beurre dans une sauteuse et mettez-y les échalotes à blondir. Gardez en réserve.

Piquez les andouillettes.

Poussez le feu sous la sauteuse et faites-y dorer les andouillettes de tous côtés.

Mouillez avec le cidre et remettez les échalotes à cuire.

Salez et poivrez modérément.

Dès que le cidre frémit, baissez le feu et poursuivez la cuisson des andouillettes pendant 5 min environ en les retournant souvent.

Réservez les andouillettes au chaud et faites réduire la sauce.

Versez la sauce réduite sur les andouillettes et servez avec une compote de pommes non sucrée.

Escalopes de foie gras laquées au cidre

Galettes de blé noir au cidre

Escalopes de foie gras laquées au cidre

Marché pour 4 personnes

1 foie d'oie frais de **600 g** environ, **500 g** de raisins de muscat,
4 tranches de pain de mie, 1 échalote, **50 cl** de cidre doux, beurre, sel et poivre

Taillez le foie en quatre belles escalopes.

Épluchez tous les grains de raisin.

Pelez et émincez très finement l'échalote.

Retirez la croûte des tranches de pain de mie.

Faites chauffer une grosse noix de beurre dans une poêle et mettez les tranches de pain de mie à dorer des deux côtés. Tenez ces canapés en réserve au chaud.

Faites cuire les escalopes 4 min de chaque côté, dans une poêle antiadhésive. Salez et poivrez.

Posez les escalopes sur les canapés et maintenez toujours au chaud.

Dans la même poêle, faites fondre une noisette de beurre et faites-y revenir l'échalote émincée.

Quand l'échalote est bien blonde, mettez les grains de raisins à réchauffer doucement.

Puis égouttez-les et rangez-les autour des escalopes.

Versez le cidre dans la poêle. Remuez vivement à la cuiller en bois et laissez réduire de moitié.

Quand le cidre devient sirupeux, nappez les escalopes avec cette sauce. Vous étonnerez vos convives.

Galettes de blé noir au cidre

Marché pour 4 personnes

500 g de farine de blé noir, **3** œufs, **50 cl** de cidre, **50 cl** d'eau, **200 g** de beurre, sel

Versez la farine dans un saladier. Creusez une fontaine.

Cassez les œufs et battez-les en omelette. Ajoutez une grosse pincée de sel.

Versez l'omelette dans le centre de la fontaine et travaillez vigoureusement la pâte avec une longue cuiller en bois puis délayez petit à petit avec l'eau et le cidre jusqu'à obtenir une pâte fluide et bien lisse.

Laissez reposer quelques heures au frais.

Chauffez la galettière (ou une poêle à fond épais). Huilez-la légèrement.

Versez une louche de pâte et étalez aussitôt avec une raclette.

Laissez cuire 1 à 2 min à feu moyen puis retournez la galette en vous aidant d'une large spatule.

Attendez à nouveau 1 à 2 min et servez bien chaud avec par exemple, pour une entrée, de délicieuses rillettes et bien évidemment quelques bolées de cidre.

Raie bouclée au cidre

LES POISSONS
Raie bouclée au cidre

C'est la plus estimée des raies !

Marché pour 4 personnes

800 g de raie (en un seul morceau), **1** carotte, **1** oignon, **1** bouquet de persil, **1** branchette de thym, **1** feuille de laurier, **1** bouteille de cidre sec, **1** trait de vinaigre de cidre, gros sel, poivre en grains

Pelez et coupez en rondelles la carotte et l'oignon.

Préparez le bouquet garni : lavez et liez avec du fil de cuisine la moitié du bouquet de persil, la branchette de thym et la feuille de laurier.

Hachez finement l'autre moitié du persil.

Versez dans une marmite eau et cidre en quantité égale. Ajoutez oignon, carotte, bouquet garni, une poignée de gros sel et quelques grains de poivre.

Plongez le morceau de raie avec sa peau dans le court-bouillon et faites cuire à léger frémissement 20 à 30 min.

La raie est cuite quand sa peau se détache facilement.

Retirez-la alors du court-bouillon. Égouttez la raie sur une grille. Ôtez-lui sa peau et ses cartilages.

Dressez quatre belles parts sur le plat de service. Parsemez de persil fraîchement haché et maintenez au chaud.

Faites brunir et non noircir un beau morceau de beurre dans une poêle. Salez et poivrez.

Déglacez la poêle avec un trait de vinaigre.

Nappez aussitôt le poisson et servez avec quelques pommes vapeur.

Saumon braisé au cidre

Marché pour 6 personnes

1 saumon de **1,6 kg** environ, **150 g** de lard gras, 1 carotte, 3 échalotes,
1 bouquet garni (persil, thym, laurier), **75 g** de beurre, **2** cuillerées à soupe
de crème fraîche, **1** bouteille de cidre doux, 1 bouquet de cerfeuil, sel et poivre

Ôtez la peau du saumon. Taillez le lard gras en bâtonnets et introduisez-les dans le poisson. Salez et poivrez.

Pelez et émincez les échalotes.

Pelez et coupez la carotte en rondelles.

Préparez le bouquet garni et lavez le cerfeuil.

Dans une turbotière, faites fondre une grosse noix de beurre. Mettez-y à suer les échalotes hachées et les rondelles de carottes. Mouillez avec le cidre.

Ajoutez le bouquet garni. Glissez le saumon dans la turbotière et couvrez.

Enfournez à four chaud et laissez cuire 30 min environ.

Retirez le poisson. Dressez-le sur le plat de service. Maintenez au chaud.

Filtrez le jus de cuisson dans une casserole et faites-le réduire d'un bon tiers, puis ajoutez les deux cuillerées de crème fraîche.

Portez à ébullition pendant 1 à 2 min puis retirez la casserole du feu et incorporez des noisettes de beurre que vous faites fondre en fouettant.

Nappez légèrement le saumon de cette délicieuse sauce. Versez le restant dans une saucière. Décorez de quelques pluches de cerfeuil.

Ragoût de lotte au cidre

Filets de maquereaux au cidre sur leur lit de poireaux

Ragoût de lotte au cidre

Marché pour 6 personnes

1,8 kg de lotte, **1,5 kg** de pommes de terre, **100 g** de beurre, **2** oignons, **1** gousse d'ail, **50 cl** de cidre brut, thym et laurier en poudre, sel, poivre

Lavez et épluchez les pommes de terre. Coupez-les en rondelles assez fines.

Lavez et essuyez la lotte. Coupez-la en morceaux. Salez et poivrez.

Pelez et hachez les oignons.

Pelez et écrasez à la fourchette la gousse d'ail.

Dans une large poêle, faites raidir au beurre les morceaux de poisson. Tenez au chaud.

Faites fondre un beau morceau de beurre dans une sauteuse. Faites-y cuire doucement les oignons.

Ajoutez la purée d'ail et les morceaux de lotte.

Épicez d'une pincée de thym et de laurier.

Recouvrez des pommes de terre finement émincées.

Salez et poivrez à nouveau.

Arrosez à hauteur du cidre coupé d'eau.

Parsemez de noisettes de beurre.

Couvrez et laissez mijoter doucement pendant 25 min environ.

Servez bien chaud.

Filets de maquereaux au cidre sur leur lit de poireaux

Marché pour 4 personnes

4 gros maquereaux, **1** bouteille de cidre sec, **8** beaux poireaux, **100 g** de crème fraîche, **50 g** de beurre, muscade, sel et poivre du moulin

Épluchez les poireaux (ne conservez que la partie tendre du légume). Lavez-les à grandes eaux et coupez-les en tronçons.

Faites fondre le beurre dans une sauteuse. Mettez-y les poireaux à cuire doucement à couvert.

Après 15 min de cuisson, découvrez, salez et poivrez. Parfumez d'un peu de muscade fraîchement râpée. Mouillez de deux verres de cidre. Couvrez à nouveau et poursuivez la cuisson encore pendant 30 min.

Pendant ce temps, préparez le poisson : nettoyez et parez les maquereaux.

Après avoir levé les filets, faites-les pocher 5 min dans le cidre frémissant.

Égouttez les filets de poisson et réservez-les au chaud.

Filtrez et réchauffez leur bouillon de cuisson dans une casserole.

Puis liez la sauce avec la crème fraîche. Salez et poivrez.

Dressez les poireaux sur un long plat de service. Allongez dessus les filets de maquereaux. Nappez de sauce et servez sans attendre ce plat original et bien bon.

Jambonneau au cidre comme autrefois

LES VIANDES

Poulet de la ferme au cidre

Marché pour 4 personnes

1 poulet fermier de **1,8 kg** environ, **3** gros oignons, **3** gousses d'ail, **250 g** de lard fumé, **250 g** de champignons de Paris, **1** bouteille de cidre très sec, **100 g** de beurre, farine, vinaigre de cidre, sel et poivre

Découpez le poulet en huit morceaux. Salez et poivrez. Recouvrez-les de 50 cl de cidre. Ajoutez une larme de vinaigre de cidre. Mélangez et laissez macérer 1 h dans un endroit frais.

Pelez et émincez les oignons.

Coupez le lard en dés. Faites fondre un beau morceau de beurre dans un sautoir. Quand il est bien chaud, faites-y rissoler les oignons émincés et les lardons.

Remuez bien.

Égouttez les morceaux de poulet. Jetez le jus de la marinade.

Réservez lardons et oignons.

Dans le beurre de cuisson, faites dorer les morceaux de poulet sur toutes les faces.

Salez puis poivrez.

Coupez la partie sableuse du pied des champignons. Lavez-les rapidement à l'eau citronnée et coupez-les en lamelles régulières. Faites revenir les champignons dans le sautoir et remettez oignons et lardons réservés. Mouillez avec le reste du cidre.

Pelez l'ail et écrasez-le à la fourchette. Mélangez cette purée au cidre. Couvrez et laissez la cuisson s'achever à petit feu.

Quand le poulet est cuit, dressez ses morceaux dans le plat de service et maintenez au chaud.

Dans un bol, travaillez à la spatule en bois une petite cuillerée de farine et une petite cuillerée de beurre.

Ajoutez ce beurre manié à la sauce au cidre et mélangez 1 à 2 min à feu doux.

Nappez le poulet de cette remarquable sauce et servez aussitôt avec un plat de pommes rissolées et de haricots verts cuits « al dente ».

Jambonneau au cidre comme autrefois

Le jambonneau se fait avec la partie de la jambe du porc située en dessous du jambon ou de l'épaule.

Marché pour 6 personnes

1 jambonneau frais de **1,5 kg**, **1 kg** de petits navets,
1 kg de petites carottes, **3** oignons, **30 g** de beurre, **2** pincées de sucre en poudre,
2 pincées de cannelle, **1** pincée de muscade, **1** bouteille de cidre brut,
sel et poivre du moulin

Épluchez carottes, navets et oignons.

Pelez et hachez les oignons.

Dans une cocotte, faites fondre une grosse noix de beurre. Ajoutez les oignons et remuez vivement avec une spatule en bois.

Puis tapissez le fond de la cocotte avec le reste des légumes.

Posez sur ce lit le jambonneau. Saupoudrez de sucre, cannelle et muscade fraîchement râpée.

Salez, poivrez.

Arrosez de cidre.

Couvrez la cocotte et mettez à cuire à four moyen. En cours de cuisson, augmentez progressivement la chaleur du four jusqu'à 220°. Comptez une bonne heure et demie de cuisson.

Égouttez le jambonneau et découpez-le. Présentez les morceaux dans un plat de service chaud, entourés des carottes et navets.

Grattez le fond de la cocotte et versez le jus de cuisson dans une saucière. Servez sans attendre. Vous ferez des heureux.

Pintade d'automne au cidre

Marché pour 4 personnes

1 pintade de **1,2 kg** environ, **1** barde de lard gras, **50 g** de cerneaux de noix,
50 g de raisins de Corinthe, **6** pommes reinettes, **150 g** de crème fraîche,
50 g de beurre, **50 cl** de cidre brut, **1** trait de calvados, sel et poivre du moulin

Faites tremper les raisins secs dans de l'eau tiède.

La chair de la pintade étant un peu sèche, prenez le soin de l'entourer d'une barde de lard gras.

Dans une cocotte où vous aurez fait fondre une grosse noix de beurre, faites revenir la volaille en la retournant afin de la saisir sur toutes les faces. Salez, poivrez. Mouillez avec le cidre et une larme de calvados. Couvrez et laissez cuire pendant 1 h à petit feu.

Ajoutez alors les raisins égouttés et les cerneaux de noix. Poursuivez la cuisson pendant encore 20 min.

Pendant ce temps, pelez et évidez les pommes. Coupez-les en quatre et faites-les revenir à la poêle, dans un beurre bien chaud mais non coloré pendant un bon quart d'heure. Retournez-les de temps en temps sans les défaire. Aidez-vous de deux spatules.

Quand la pintade est cuite, sortez-la de la cocotte, découpez-la et réservez les morceaux au chaud dans le plat de service.

Réduisez le bouillon d'environ un tiers et liez avec la crème fraîche, cuillerée après cuillerée.

Goûtez et rectifiez l'assaisonnement en sel et en poivre.

Entourez la pintade des quartiers de pommes et nappez de sauce.

C'est un régal.

Rouelle de veau cuite au cidre

Marché pour 6 personnes

1,5 kg environ de rouelle de veau, **1** œuf, **3** oignons, **250 g** de champignons de Paris,
100 g de beurre, **2** verres de cidre sec, **2** cuillerées à soupe de crème fraîche,
1 bouquet de persil, thym, sel et poivre du moulin

Salez et poivrez la rouelle de veau.

Dans une cocotte, faites fondre un beau morceau de beurre et faites dorer le morceau de veau sur toutes les faces.

Mouillez avec le cidre.

Épicez d'un peu de thym.

Couvrez et laissez étuver une bonne heure et demie.

Préparez les champignons : ôtez la partie sableuse du pied et lavez-les rapidement à l'eau citronnée. Coupez-les en rondelles régulières et faites-les revenir dans du beurre bien chaud.

Ajoutez la cuisine des champignons à celle de la rouelle de veau 10 min avant la fin de la cuisson.

Cassez l'œuf et séparez le blanc du jaune.

Pintade d'automne au cidre

Dans un bol, délayez le jaune d'œuf avec les deux cuillerées à soupe de crème fraîche.

Lavez, épongez et hachez le persil.

Retirez le morceau de veau de la cocotte. Dressez-le sur le plat de service.

Liez à feu doux la sauce avec le mélange crème et jaune d'œuf.

Goûtez et rectifiez l'assaisonnement.

Nappez la rouelle de cette sauce. Parsemez de persil haché. Servi avec des pâtes fraîches, ce plat est succulent.

Potée paysanne au cidre

Marché pour 6 personnes

1 beau chou pommé, **6** oignons, **6** pommes de terre, **2** cuillerées à soupe de saindoux, **500 g** de lard fumé, **500 g** de carré de porc, **6** saucisses, **1** bouteille de cidre bien sec, **1** bouquet garni (persil, laurier, thym), **1** branche de céleri, sel, poivre

Enlevez les grosses feuilles vertes et le trognon du chou.

Nettoyez le chou et hachez-le grossièrement.

Faites bouillir de l'eau dans une grande marmite. Plongez le chou dans l'eau bouillante et faites-le blanchir quelques minutes. Égouttez-le en le pressant pour faire sortir l'eau âcre qu'il contient.

Pelez et hachez les oignons. Faites fondre le saindoux dans la marmite. Mettez-y les oignons à blondir.

Ajoutez le chou, le bouquet garni et la branche de céleri.

Salez et poivrez en tenant compte de la salaison des viandes.

Recouvrez de cidre et portez à ébullition. Ajoutez toutes les viandes. Baissez le feu. Couvrez la marmite et poursuivez la cuisson pendant 2 h.

Lavez et pelez les pommes de terre. Ajoutez-les dans la marmite après avoir retiré le bouquet garni et la branche de céleri. Laissez encore cuire une vingtaine de minutes.

Au moment de servir, découpez en tranches le lard et le carré de porc.

Dressez le chou au centre d'un plat de service creux. Disposez les saucisses et les viandes sur le chou et entourez de pommes de terre.

Bon appétit !

Curry d'agneau au cidre

Selon votre goût vous utiliserez un curry plus ou moins pimenté.

Marché pour 6 personnes

1 collier d'agneau désossé, **1** épaule d'agneau désossée, **2** oignons, **2** pommes acides, **40 cl** de crème fraîche liquide, **1** bouteille de cidre doux, huile d'olive, **1** bouquet garni (persil, thym, laurier), curry, sel et poivre

Coupez le collier et l'épaule d'agneau en gros cubes.

Chauffez de l'huile d'olive dans une cocotte. Faites-y dorer les morceaux de viande de tous côtés à feu vif. Réservez au chaud.

Épluchez et hachez finement les oignons.

Pelez les pommes. Évidez le cœur des fruits et coupez la chair en petits morceaux. Dans la même cocotte, mettez à revenir le hachis d'oignons et les pommes. Ajoutez deux cuillerées à soupe de curry. Chauffez 1 à 2 min en remuant bien.

Remettez la viande et son jus dans la cocotte et salez légèrement.

Potée paysanne au cidre

Versez le cidre et ajoutez le bouquet garni. Laissez mijoter sans couvrir 2 h environ. Le bouillon doit tout juste frémir.

Sortez la viande de la cocotte avec une écumoire. Maintenez-la au chaud.

Faites réduire le bouillon de cuisson de moitié.

Ôtez le bouquet garni.

Mixez la sauce et ajoutez la crème.

Vérifiez l'assaisonnement. Remettez la viande dans la cocotte et réchauffez-la à feu doux.

Servez ce plat avec du riz basmati auquel vous aurez ajouté quelques raisins secs et amandes effilées.

Lapin au cidre façon Claude

Marché pour 4 personnes

1 lapin de **1,5 kg** environ, 4 gousses d'ail, 4 gros oignons, **24** petits oignons,
250 g de champignons de Paris, **100 g** de crème fraîche, **30 g** de sucre en poudre,
120 g de beurre, 1 bouquet garni (persil, thym et laurier),
2 verres de cidre brut, **1** trait de calvados,
1 concentré de tomate, farine, sel et poivre du moulin

Découpez le lapin en huit morceaux.

Pelez deux gousses d'ail. Coupez chacune en quatre.

Piquez chaque morceau de lapin d'un éclat d'ail.

Faites fondre un beau morceau de beurre dans une sauteuse. Quand il est bien chaud, mettez les morceaux de lapin à dorer quelques minutes, à feu vif.

Arrosez de calvados et flambez.

Salez, poivrez.

Épluchez et émincez les oignons.

Pelez et hachez les deux gousses d'ail restantes.

Ajoutez dans la sauteuse le hachis d'oignons. Saupoudrez d'une cuillerée à soupe de farine. Remuez à la cuiller en bois et laissez roussir légèrement.

Puis mouillez avec le cidre et mélangez avec une grosse cuillerée à soupe de concentré de tomate. Ajoutez le bouquet garni et la purée d'ail.

Couvrez et poursuivez la cuisson pendant une petite heure, à feu moyen.

Pendant ce temps, coupez la partie sableuse du pied des champignons. Lavez-les dans de l'eau citronnée (ils ne noirciront pas). Coupez-les en lamelles régulières.

Faites chauffer du beurre dans une poêle. Jetez-y les champignons. Couvrez et laissez étuver quelques minutes. Puis réservez.

Épluchez et émincez les petits oignons. Mettez-les dans une casserole avec le sucre en poudre et une belle noix de beurre. Salez, poivrez. Recouvrez à hauteur d'eau et faites cuire à petit bouillon jusqu'à l'évaporation complète de l'eau et la caramélisation du sucre. Roulez délicatement les petits oignons dans ce caramel et gardez au chaud.

Quand les morceaux de lapin sont cuits, égouttez-les. Maintenez-les au chaud dans le plat de service, entourés de la cuisine des champignons et de celle des petits oignons.

Portez à ébullition le bouillon de cuisson puis à feu plus doux, faites-le réduire d'environ un tiers.

Grattez bien le fond de la sauteuse pour en décoller tous les sucs de viande. Ajoutez alors la crème et portez à nouveau à ébullition sans cesser de remuer.

Nappez le lapin de cette belle sauce et servez avec quelques pommes vapeur.

Régalez-vous !

Lapin au cidre façon Claude

Les légumes

Pommes de terre au cidre façon bretonne

Marché pour 5 personnes

1 kg de pommes de terre nouvelles, **1/2** bouteille de cidre brut, **1 l** de lait caillé, **60 g** de beurre demi-sel, **1** cuillerée à soupe de laurier ciselé, sel et poivre du moulin

Grattez les pommes de terre, lavez-les et essuyez-les avec grand soin. Coupez-les en rondelles régulières d'environ 3 mm d'épaisseur.

Beurrez une large terrine. Tapissez son fond de rondelles de pommes de terre en les assaisonnant au fur et à mesure de laurier, de peu de sel et de beaucoup de poivre.

Mouillez avec le cidre.

Parsemez de noisettes de beurre demi-sel.

Couvrez. Mettez à cuire à four chaud 1 h environ et n'oubliez pas de retourner plusieurs fois les pommes de terre en cours de cuisson.

Égouttez les caillés qui se séparent aisément du petit lait.

Servez bien chaud avec quelques caillés et découvrez sans attendre l'étonnante délicatesse de ce plat pourtant fort rustique.

Poireaux de pays au cidre

Marché pour 4 personnes

16 petits poireaux, **1** oignon, **30 g** de beurre, **40 g** de farine, **1/2** bouteille de cidre bien sec, **3** cuillerées à soupe de crème fraîche, **1/2** citron, sel, poivre et muscade

Lavez soigneusement les poireaux dans plusieurs eaux. Faites-les cuire à l'eau bouillante et salée, 15 à 20 min après reprise de l'ébullition. Ne les servez pas trop cuits, ils perdraient en saveur.

Égouttez les poireaux et rangez-les, bien allongés, dans un plat de service long.

Tenez le plat au chaud.

Émincez très finement l'oignon et faites-le blondir dans une noix de beurre bien chaude, dans une casserole à fond épais.

Pressez la moitié d'un citron.

Malaxez le beurre et la farine. Ajoutez ce beurre manié dans la casserole.

Travaillez bien à la spatule en bois, sur feux doux. La préparation épaissit.

Mouillez alors avec le cidre et battez au fouet à main.

Ajoutez la crème fraîche puis le jus de citron.

Salez, poivrez et relevez d'un peu de noix de muscade fraîchement râpée. Goûtez et rectifiez l'assaisonnement si nécessaire.

Couvrez les poireaux de cette sauce onctueuse et servez bien chaud.

Bien évidemment, cette recette peut s'appliquer à d'autres légumes comme par exemple les salsifis, les navets ou les carottes.

Pommes de terre au cidre façon bretonne

Poireaux de pays au cidre

Les desserts

Pain perdu au cidre

Traditionnellement, le pain perdu se fait avec du pain rassis, d'où son nom. Ce dessert économique n'en sera que meilleur réalisé avec un pain brioché.

Marché pour 4 personnes

1 pain brioché rassis, **1/2** bouteille de cidre doux, **125 g** de sucre en poudre, **50 g** de sucre glace, **3** œufs, **125 g** de beurre, gelée de groseilles

Découpez le pain brioché en tranches d'égale épaisseur (environ 2 cm) et déposez-les dans un plat creux.

Faites chauffer le cidre dans une casserole, sans le faire bouillir. Ajoutez le sucre et remuez. Laissez refroidir.

Cassez les œufs. Séparez les blancs des jaunes.

Montez les blancs en neige avec une petite cuillerée de sucre. Mêlez ensuite délicatement blancs et jaunes.

Arrosez de sirop chaque tranche de pain, juste assez pour les imbiber.

Passez ensuite rapidement les tranches de pain brioché dans les œufs battus et faites-les dorer des deux côtés dans du beurre bien chaud. Surveillez bien le beurre, il ne doit en aucun cas noircir.

Servez bien chaud ce bon dessert, recouvert de sucre ou tartiné de gelée de groseilles.

Sabayon au cidre

Marché pour 6 personnes

250 g de sucre en poudre, **6** œufs, **3/4** d'une bouteille de cidre doux, **1/2** citron, quelques biscuits légers

Cassez les œufs en séparant les blancs des jaunes. Mettez les jaunes dans un saladier et réservez les blancs pour une autre préparation.

Travaillez les jaunes avec le sucre jusqu'à ce que le mélange blanchisse. Puis versez le cidre lentement sans cesser de remuer.

Faites épaissir à feu doux et au bain-marie pendant une vingtaine de minutes en fouettant doucement la crème.

Pressez le demi-citron et givrez avec un peu du jus recueilli et du sucre le bord de six jolies coupelles en verre.

Emplissez-les de sabayon et servez ce délicat dessert accompagné de quelques biscuits légers.

Pain perdu au cidre

Pommes cuites au cidre

Marché pour 6 personnes

6 pommes bien saines (pommes canadas ou reines des reinettes), beurre, miel, quelques cerneaux de noix, **1** bouteille de cidre doux et **1** jatte de crème fraîche

Faites chauffer le four à température assez élevée.

Lavez, essuyez et évidez les pommes. Piquez-les à la fourchette à plusieurs endroits pour qu'elles n'éclatent pas à la cuisson. Malaxez beurre, miel et quelques cerneaux de noix grossièrement pilés.

Garnissez le cœur des fruits de cette pommade.

Beurrez un plat allant au four. Rangez-y les pommes et arrosez de cidre.

Enfournez et poursuivez la cuisson jusqu'à ce que les pommes se rident et prennent une jolie couleur brun doré.

Servez ce dessert bien chaud, accompagné d'une jatte de crème fraîche. C'est fondant et délicieux !

La bolée des Normands

Marché pour 4 personnes

1 citron, **1** orange, **1** ananas frais, **1** bouteille de cidre doux, **1** verre de calvados, **100 g** de sucre

Préparez l'ananas. Tranchez le plumet et la base du fruit. Coupez-le en deux dans le sens de la hauteur. Évidez chaque moitié. Ne conservez pas la partie fibreuse. Coupez la chair en dés.

Pelez à vif l'orange et le citron, détaillez-les en tranches régulières.

Rangez tous les morceaux de fruits dans un compotier. Saupoudrez de sucre et arrosez de calvados.

Couvrez et entreposez au réfrigérateur quelques heures. À la fin de la macération, versez le cidre et ajoutez quelques glaçons.

Servez aussitôt. C'est très rafraîchissant.

Fruits rouges au cidre et à la lavande

Marché pour 6 personnes

300 g de fraises, **150 g** de framboises, **100 g** de fraises des bois, **3** nectarines, **1/2** citron, **50 cl** de cidre doux, **6 cl** de sirop de canne, **4** brins de lavande fraîche

Dans une casserole à fond épais, versez le cidre et le sirop de canne. Ajoutez les brins de lavande. Portez à ébullition. Puis éteignez le feu et laissez infuser 5 min. Filtrez.

Lavez, séchez et équeutez les fraises.

Pommes cuites au cidre

Passez rapidement sous l'eau froide les framboises et les fraises des bois.

Pressez le demi-citron. Pelez et dénoyautez les nectarines. Coupez-les en lamelles régulières et arrosez du jus de citron.

Disposez délicatement les fruits dans une coupe en verre bien évasée. Ajoutez le sirop et couvrez d'un film transparent.

Laissez macérer plusieurs heures dans votre réfrigérateur.

Servez très frais cette délicieuse salade de fruits.

Flan au cidre

Marché pour 6 personnes

100 g de farine tamisée, **100 g** de sucre semoule, **3** pommes acides, **3** œufs, **1** verre de lait, **1** verre de cidre doux, beurre, sucre glace, sel

Beurrez généreusement un moule à manqué.

Épluchez les pommes. Ôtez le cœur et râpez la chair avec une râpe à fromage.

Cassez et battez les œufs. Ajoutez le sucre et la pincée de sel et fouettez l'ensemble jusqu'à obtenir un mélange bien mousseux.

Incorporez délicatement la farine et travaillez à la cuiller en bois pour que la pâte soit bien lisse.

Ajoutez progressivement le lait puis le cidre. La quantité de liquide à verser dépendra de la qualité de la farine. La pâte doit être fluide mais surtout pas trop liquide.

Incorporez la purée de pomme et versez la préparation dans le moule.

Enfournez la préparation pour une cuisson de 40 min à four moyen.

Servez ce dessert tiède, saupoudré de sucre glace.

Le flip normand

Prétextez une bonne grippe pour vous faire servir, au lit et bien au chaud sous une grosse couette, ce vigoureux remède.

Marché pour 1 malade

1 verre de cidre brut, **1** verre d'eau-de-vie de calvados, **4** morceaux de sucre

Faites chauffer le cidre dans une casserole. Ne le laissez surtout pas bouillir.

Ajoutez le sucre puis le calvados (la blanche comme l'appelaient les Normands). Remuez et versez dans un grand bol préalablement ébouillanté.

Et faites de beaux rêves.

Gelée au cidre

Comme les Normandes faisaient bouillir des journées durant le moût du cidre dans des poêles en cuivre, pour préparer « la ramangerie de pommes », sorte de confiture que l'on mangeait étalée sur de larges tartines de pain, amusez-vous à remplir vos buffets de pots de gelée de cidre !

Marché pour 8 pots

2 l de cidre fraîchement pressé, **2** kg de sucre gélifiant

Flan au cidre
Au premier plan, le livre « Les recettes de Tante Jeanne » (Éditions Ouest-France)

Versez le cidre dans une grande marmite. Ajoutez le sucre, remuez et portez à ébullition. Laissez frémir 1 à 2 min à petits bouillons puis transvasez la gelée encore bouillante dans des pots stérilisés.

Table des Matières

Introduction 3

Les Entrées
La petite crevette au cidre 5
Salade d'hiver au cidre 5
Poêlée de Saint-Jacques au cidre 7
Andouillettes gourmandes au cidre 7
Escalopes de foie gras laquées au cidre 9
Galettes de blé noir au cidre 9

Les Poissons
Raie bouclée au cidre 10
Saumon braisé au cidre 11
Ragoût de lotte au cidre 13
Filets de maquereaux au cidre sur leur lit de poireaux 13

Les Viandes
Poulet de la ferme au cidre 14
Jambonneau au cidre comme autrefois 15
Pintade d'automne au cidre 18
Rouelle de veau cuite au cidre 18
Potée paysanne au cidre 20
Curry d'agneau au cidre 20
Lapin au cidre façon Claude 22

Les Légumes
Pommes de terre au cidre façon bretonne 24
Poireaux de pays au cidre 24

Les Desserts
Pain perdu au cidre 26
Sabayon au cidre 26
Pommes cuites au cidre 28
La bolée des Normands 28
Fruits rouges au cidre et à la lavande 28
Flan au cidre 30
Le flip normand 30

Remerciements
Nous tenons à remercier les établissements Guy DEGRENNE à Vire
pour leur participation, notamment pour la fourniture des éléments de table.